AF210834

ISBN 9788411744225 © Eve Stars, 2023
Impresión y editorial: BoD – Books on Demand
info@bod.com.es – www.bod.com.es
Impreso en Alemania – Printed in Germany

ISBN 9788411744225 · Reeve SLHS 2023

Impresión y encuadernación: BoD – Books on Demand
info@bod.com.es · www.bod.com.es

Impreso en Alemania / Printed in Germany

Este libro pertenece a este extraordinario, fuerte y maravilloso Leo:

Leo

23 DE JULIO - 22 DE AGOSTO

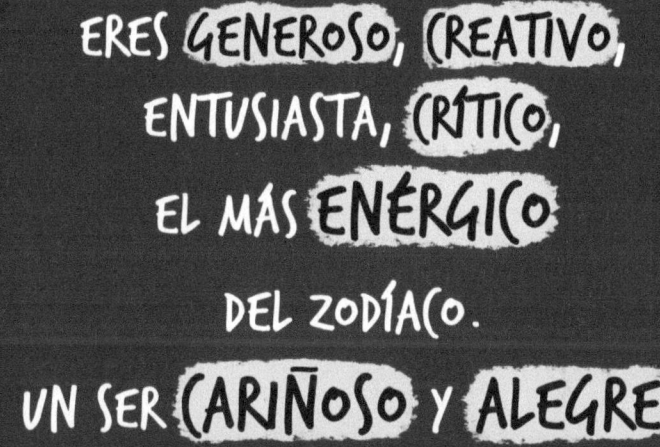

ERES GENEROSO, CREATIVO,
ENTUSIASTA, CRÍTICO,
EL MÁS ENÉRGICO
DEL ZODÍACO.
UN SER CARIÑOSO Y ALEGRE.

MANDÓN

DISCRETO

BONDADOSO

MISTERIOSO

ORGULLOSO

COMPRENSIVO

ERES UN SIGNO DE FUEGO,
MUY COMPRENSIVO,
UN LÍDER NATO.
CON UN PUNTO INFANTIL
Y JUGUETÓN.

ERES EL
MÁS OPTIMISTA DEL
ZODIACO

TU EMPLAZAMIENTO NATURAL
ES LA QUINTA CASA, LA CASA DE
LOS AMORES, LAS ACTIVIDADES
RECREATIVAS, LOS NIÑOS Y LA
CREATIVIDAD

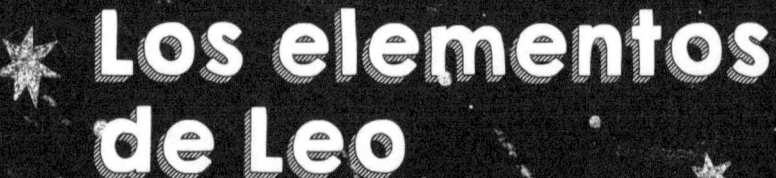

Los elementos de Leo

COLORES: ORO, AMARILLO.

VÍSTETE CON ESTOS COLORES
CUANDO QUIERAS LIGAR Y SERÁS
IRRESISTIBLE (SI ES POSIBLE SERLO
AÚN MÁS)

PIEDRAS: ORO, RUBÍES, DIAMANTES.

CUANDO TROPIECES DOS VECES, COMO
SUELES HACER, QUE SEA AL MENOS
CON ALGUNA DE ESTAS PIEDRAS

ÁRBOLES: PALMERAS, CÍTRICOS, RODO-
DENDROS.

ABRÁZATE A ESTOS ÁRBOLES CUANDO
ESTÉS DE BAJONA. TE QUIEREN

FLORES: GIRASOL Y POTENTILLA.

LOS VULGARES RAMOS DE ROSAS
NO SON PARA TI, EXIGE MÁS

Hablemos claro, Leo

ERES EL SIGNO MÁS DOMINANTE DEL ZODIACO.
ERES CREATIVO Y EXTROVERTIDO. LOS LEO SON LOS
REYES ENTRE LOS HUMANOS, DE LA MISMA FORMA QUE
LOS LEONES SON LOS REYES EN EL REINO ANIMAL.

TIENES AMBICIÓN, FUERZA, VALENTÍA, INDEPENDENCIA Y
TOTAL SEGURIDAD EN TUS CAPACIDADES. NO SUELES
TENER DUDAS SOBRE QUÉ HACER. ERES LÍDER SIN COMPLI-
CACIONES – SABES DÓNDE QUIERES LLEGAR Y PONES TODO
TU EMPEÑO, ENERGÍA Y CREATIVIDAD EN CONSEGUIR TU
OBJETIVO. NO TEMES LOS OBSTÁCULOS – MÁS BIEN TE
CRECES ANTE ELLOS.

PUEDES LLEGAR A SER TERCO EN TUS CREENCIAS, PERO
SIEMPRE DESDE UNA FE Y SINCERIDAD ABSOLUTA.

A UN LEO LE SUELE GUSTAR EL LUJO Y EL PODER.

UN LEO EXCESIVAMENTE NEGATIVO PUEDE SER UNA PERSONA ARROGANTE, ORGULLOSA Y CON MUY MAL GENIO. SOIS CAPACES DE UTILIZAR TRUCOS Y MENTIRAS PARA DESACREDITAR A VUESTROS ENEMIGOS. TAMBIÉN PODÉIS ADOPTAR CIERTOS AIRES DE SUPERIORIDAD Y PREPOTENCIA.

SIENTES QUE NO TIENES NADA QUE OCULTAR Y SI TIENES ALGO POSITIVO PARA ENSEÑAR A LOS DEMÁS, LO HARÁS SIN PROBLEMAS.

ERES MUY GENEROSO CON TU ENTORNO ÍNTIMO, PAREJA O AMISTADES.

ES UN SIGNO DE NATURALEZA FIJA, POR LO QUE ERES CONVINCENTE CON TUS IDEAS, BASTANTE PERSEVERANTE EN TUS OBJETIVOS Y MUY OBSTINADO EN TU MANERA DE PENSAR.

NO DUDAS, TIENES SEGURIDAD EN TI MISMO Y LA AUTOESTIMA BIEN ALTA, ERES REALISTA, TE GUSTA LO CLARO Y LUMINOSO, LA PERFECCIÓN, EL HONOR.

TIENES IDEAS BRILLANTES, ACERTADAS, LLENAS DE FUERZA. TIENES MUY CLARO LO QUE DESEAS.

Amuletos para Leo

¿CREEMOS EN LAS FUERZAS OCULTAS? ¡SÍÍÍ! ¿Y CREEMOS EN LOS AMULETOS? ¡TAMBIÉÉÉÉN! PUES TIRA YA ESA PATA DE CONEJO RANCIA, ESTOS SON LOS AMULETOS QUE TE AYUDARÁN A CONSEGUIR TODAS TUS METAS.

LOS AMULETOS MÁS PODEROSOS PARA UN NACIDO BAJO EL SIGNO DE LEO SON AQUELLOS QUE TIENEN UNA RELACIÓN DIRECTA CON EL SOL. DESDE EL COLOR DORADO HASTA EL ORO, PASANDO POR LOS RELOJES DE SOL. UNA MANERA MUY SENCILLA DE PROTEGER TU CASA ES GRABAR EN TU PUERTA UN SOL TRAZADO POR TI MISMO: SERÁ TU ESCUDO Y TU SÍMBOLO Y EVITARÁ QUE TODO MAL SE CUELE EN TU HOGAR. EL SOL ES UN ASTRO IN-CREÍBLEMENTE ENERGÉTICO Y SANADOR.

COLOR DORADO: ASÍ COMO EL SOL ES TU ALIADO, SU COLOR ES TU MEJOR PROTECTOR: EL ESCUDO QUE CEGARÁ A TUS

ENEMIGOS Y CONVENCERÁ A TUS ALIADOS DE TUS BON-
DADES Y CAPACIDAD. EL DORADO ES EL COLOR DE LA
GRANDEZA Y DE LA VERDAD: ES EL MARCO QUE RE-
VISTE Y REALZA LO MEJOR DE CADA UNO. DE MANERA
QUE NO TE RESISTAS A USARLO EN TU ROPA, PERTENEN-
CIAS Y CASA.

ORO EL MEJOR METAL ALIADO DE UN LEO ES EL QUE
SE RELACIONA CON EL SOL: EL ORO. MUCHAS CULTURAS
CREÍAN QUE, DE HECHO, SE TRATABA DE TROZOS QUE
EL ASTRO REY HABÍA PERDIDO. LA NOBLEZA DEL SOL,
SEGÚN LOS ALQUIMISTAS, ES QUE DENTRO DE SÍ ALBER-
GA A TODOS LOS METALES: LA ALQUIMIA SURGIÓ PARA
INTENTAR CONVERTIRLO EN OTROS METALES Y OBTENER
CON ELLO LA PIEDRA FILOSOFAL. LA NOBLEZA DE UN
LEO ES QUE, COMO UN REY A LA VIEJA USANZA, HACE
DE TODOS SUS TRABAJOS Y DEBERES (EL HOGAR, EL
EMPLEO, LA AMISTAD, EL AMOR) VERDADEROS EJERCI-
CIOS DE GRANDEZA.

RUBÍ EL MÁS INTENSO DE LOS CRISTALES ES, TAMBIÉN,
LA JOYA IDEAL PARA EL MÁS VITAL DE LOS SIGNOS. EL
RUBÍ ES FASCINANTE POR LO QUE HACE CON LA LUZ: LA
TOMA Y LA DEVUELVE MULTIPLICADA, RECREADA CON

SUS COLORES. DE ESA MANERA VIVE LEO: TOMAS LO QUE LOS OTROS TE DAN, AMOR U OPORTUNIDADES Y LO DEVUELVES RECREADO, MÁS INTENSO, MÁS FUERTE... SI NO PUEDES CONSEGUIR UN RUBÍ AUTÉNTICO, USA CUALQUIER PIEDRA O CRISTAL QUE PARA TI SEA UN RUBÍ: LO QUE IMPORTA ES LO QUE TÚ HACES DEL AMULETO, NO SU COSTO.

GIRASOL LA FLOR MÁS AFÍN AL SOL ES TAMBIÉN LA MÁS BENÉFICA PARA TI, LEO. EL GIRASOL ES UNA GRAN FLOR QUE NO SÓLO SIGUE AL SOL EN SU TRÁNSITO POR EL CIELO FIELMENTE, TAMBIÉN SE PARECE AL ASTRO EN SU APOSTURA Y TAMAÑO. TEN UNOS A MANO EN TU CASA Y TODAS LAS ENERGÍAS NEGATIVAS QUE TE PUDIERAN INFLUIR SE VERÁN NEUTRALIZADAS.

AMULETO DOMÉSTICO PARA LEO

EL MEJOR AMULETO CASERO PARA EL SIGNO DE LEO ES UN RELOJ DE SOL, QUE SE PUEDE REALIZAR DE MANERA MUY SENCILLA: SÓLO NECESITAS UN RECIPIENTE CON ARENA EN EL QUE HAYAS TRAZADO UN CÍRCULO Y MARCADO LAS DOCE HORAS DEL DÍA CON PEQUEÑAS ROCAS. NO TE PREOCUPES POR LA PRECISIÓN. COLÓCALO EN UNA VENTANA PARA QUE SEÑALE TUS HORAS DE MAYOR VENTURA.

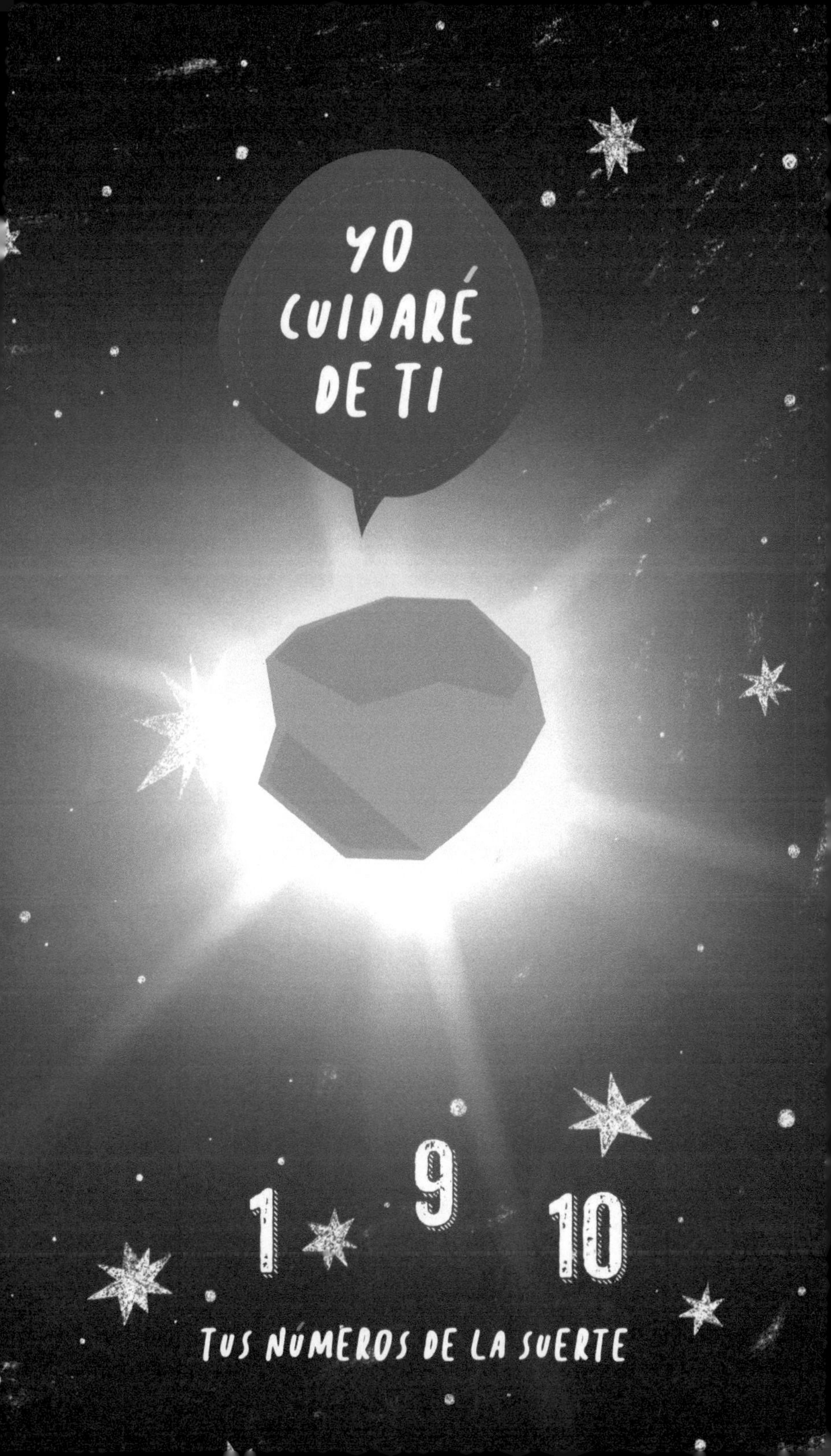
YO CUIDARÉ DE TI
1 9 10
TUS NÚMEROS DE LA SUERTE

Tus miedos

¿Y A QUÉ LE TIENE MIEDO EL FABULOSO LEO?

¿QUÉ PUEDE TEMER UN DEPREDADOR, UN REY, UNA PERSONA DUEÑA DE SÍ MISMA? CREEMOS QUE EN EL CORAZÓN DE UN LEO NO CABEN LAS DUDAS Y LAS TRIBULACIONES Y MENOS AÚN, EL MIEDO.

Y ES QUE LOS LEO VIVÍS BAJO VUESTRO PROPIO CÓDIGO, Y ESTE PARECE NO INCLUIR AL TEMOR EN SUS PÁGINAS. LOS LEO NO CREÉIS EN LAS ESPERAS NI EN LOS PERMISOS: TOMÁIS LO QUE DESEÁIS CUANDO LO DESEÁIS. CONQUISTÁIS ANTES QUE CONVENCER; SEDUCÍS ANTES QUE DEJAROS AMAR.

CREÉIS QUE LA FUERZA DE VUESTRA PERSONALIDAD Y EL MAGNETISMO DE VUESTRA BELLEZA VAN A ABRIROS TODAS LAS PUERTAS... PERO DETRÁS DE ALGUNAS PUERTAS PUEDE ESPERARNOS EL TEMOR QUE SECRETAMENTE GUARDAMOS.

¿A QUÉ LE TEMES ENTONCES? HAY UNA PALABRA MUY EXTRAÑA QUE DEFINE A LA PERFECCIÓN EL TEMOR NATURAL DE LOS LEO: ATAZAGORAFOBIA. ES EL MIEDO A SER DEJADO REZAGADO, A QUEDAR EN EL OLVIDO. ¿QUÉ PROTAGONISTA DE SU PROPIA VIDA PODRÍA SOPORTAR SEMEJANTE CONDICIÓN?

AUNQUE DAS UNA IMAGEN DE SOBERBIA Y AUTOSUFICIENCIA, TU AUTOESTIMA ES FRÁGIL. BASTA UN AMAGO DE RECHAZO, UNA NEGATIVA, UN RECONOCIMIENTO ESCATIMADO... Y SIENTES QUE LA VIDA SE TE ESCURRE DE ENTRE LAS MANOS.

PARA TODO SOBERANO, QUE ES COMO LEO SE CONCIBE, ES VITAL UNA CORTE Y LOS SÍNTOMAS DE REBELIÓN SON PARA TI UNA SEÑAL DE QUE TU REINO SE SACUDE Y PUEDE LLEGAR A SU FIN. Y ES QUE, EN EL FONDO, LEO NECESITA DE CIERTA ADULACIÓN PARA FUNCIONAR, PARA ESTAR CONVENCIDO DE QUE LAS COSAS MARCHAN...

SI HAY RESISTENCIA A TUS DESEOS, COMO UN LEÓN VIEJO QUE PIERDE A SU MANADA, VAS A CREER QUE TE HA LLEGADO LA HORA Y QUE DEBES ALEJARTE PARA PERDERTE EN EL OLVIDO, LEJOS DE DONDE SE COMPITE POR EL AMOR Y POR LA SUBSISTENCIA...

¿CÓMO PUEDES VENCER TUS MIEDOS?

PARA TI LA VIDA ES UNA SUCESIÓN DE RETOS QUE ENFRENTAS, CON BUENA O MALA FORTUNA, SÓLO CON LAS HERRAMIENTAS DE LAS QUE DISPONES DE FORMA NATURAL: TU TALENTO, TU INTELIGENCIA, TU MAGNETISMO Y BELLEZA.

AUNQUE TE ESFUERZAS Y ERES UN TRABAJADOR ESMERADO, TIENES LA IDEA DE QUE LO MÁS IMPORTANTE TE LLEGA POR UNA ESPECIE DE DERECHO DIVINO, QUE TE PONE POR ENCIMA DE LOS DEMÁS.
DE NO GOZAR DE ESE PRIVILEGIO, PUEDES SENTIR QUE HAS FALLADO, PERO NO ES ASÍ, AMIGO MÍO.

PARA EVITAR UN MIEDO IMAGINARIO HAY QUE DEJAR DE VIVIR BAJO LAS ILUSIONES. EN LUGAR DE UN REINADO IMAGINARIO, DEBES PISAR LA REALIDAD CON PIE FIRME: EL QUE DA EL APRENDIZAJE DE LA HUMILDAD.

LO QUE HAS CONSEGUIDO Y SEGUIRÁS CONSIGUIENDO ES CONSECUENCIA DE TU ESFUERZO, NO DE LA DE UN REGALO DIVINO. Y ESTA ES UNA BUENA NOTICIA.

Siempre habrá alquien que dude de ti. Asegúrate que esa persona no seas tú.

Hablemos de lo que importa: el AMOR

TU FUERZA, TU ÍMPETU, TU CONTROL SOBRE TODO LO QUE SUCEDE EN LA RELACIÓN... ES INCREÍBLE SENTIR EL PODER DE UN LEO ESTABLECIENDO UNA RELACIÓN SENTIMENTAL CON FUERTES LAZOS, O EN LA CAMA, TENIENDO UNA FIERA INDOMABLE QUE SEGURAMENTE TE HARÁ VOLAR A OTROS MUNDOS.

EL LEÓN SUELE BUSCAR "PRESAS" MUCHO MÁS DÉBILES QUE ÉL Y SI HABLAMOS EN TÉRMINOS ZODIACALES, CUALQUIERA ES UNA PRESA FÁCIL PARA EL REY DE LOS SIGNOS, PARA EL ASTRO MÁS BRILLANTE, PARA LA CASA DORADA POR EXCELENCIA, EN DONDE EL DESEO ES UN REQUISITO INDISPENSABLE A LA HORA DE SENTARSE EN TU CAMA A ESPERAR QUE SUCEDA LA MAGIA Y QUE COMIENCE LA DIVERSIÓN Y EL DESORDEN.

ERES UNA PERSONA MUY CARIÑOSA, TE ENCANTAN LOS

ABRAZOS, LAS CARICIAS, LOS BESOS…, OFRECES LO MEJOR DE TI CUANDO ESTÁS ENAMORADO Y TE ENTREGAS POR COMPLETO A TU PAREJA. ERES UN ROMÁNTICO EMPEDERNIDO, ADORAS LAS PROMESAS DE AMOR ETERNO Y DESEAS CON TODAS SUS FUERZAS VIVIR UN ROMANCE DE CUENTO.

ERES IMPACIENTE Y MUY INTENSO, RASGOS NADA COMPATIBLES CON LA ESPERA Y EL PROCESO DE CORTEJO, POR ESTO SUELES SER TAN DIRECTO Y MOSTRAR TU INTERÉS SIN REPAROS. ESO SÍ, EN CUANTO PIERDES EL INTERÉS POR LA PERSONA AMADA NO TIENES NINGÚN APURO EN DEJARLA Y VOLVER A INTERESARTE POR OTRA.

TU ENORME SENTIDO DEL ROMANTICISIMO Y TU ESPÍRITU AVENTURERO HACEN QUE CADA DÍA CONTIGO SEA ÚNICO. TODO LO QUE TIENES DE ROMÁNTICO LO TIENES TAMBIÉN DE DRAMÁTICO Y FOGOSO, ES POR ESTO QUE TE OFENDES CON MUCHA FACILIDAD Y LAS RECONCILIACIONES SUELEN ACABAR, CASI SIEMPRE, EN UNA INTENSA SESIÓN DE SEXO.

CUANDO ESTÁS ENAMORADO ERES MUY FIEL

CONSEJOS INFALIBLES PARA TU VIDA AMOROSA

ERES EXIGENTE Y CUALQUIER MALENTENDIDO LO PUEDES TOMAR DE MUY MALA MANERA.

ADEMÁS, ERES DE ESAS PERSONAS QUE PERDONA PERO NO OLVIDA Y CUANDO DECIDES ALEJARTE LO HACES DE FORMA DEFINITIVA.

LO MEJOR QUE PUEDES HACER ANTES DE ECHARLO TODO A PERDER ES MEDITAR UN POCO CON CABEZA FRÍA. NO DEBERÍAS PENSAR QUE CUALQUIER ERROR ES SINÓNIMO DE FRACASO AMOROSO. UNA PAREJA SE CONSTRUYE A TRAVÉS DE LA COMUNICACIÓN, LA PACIENCIA Y EL PERDÓN. EN VEZ DE ALARMARTE, LO QUE SE DEBE REFLEXIONAR ES QUE CON EL ORGULLO NO SE OBTIENE NADA PORQUE ÉSTE ES UNA EXPRESIÓN DEL EGO. ACTUAR DE FORMA INFANTIL FRENTE A UN RECHAZO O MALENTENDIDO TAMPOCO ES LA MEJOR SOLUCIÓN, PUES ASÍ SÓLO SE ACENTÚAN LAS DIFERENCIAS. ANTES DE JUZGAR UN HECHO, LO MEJOR ES PREGUNTARLE A LA OTRA PARTE A VER QUÉ PIENSA: HABLAR Y ESCUCHAR TEN POR SEGURO QUE CON UNA MENTE FRÍA Y ABIERTA LAS COSAS SERÍAN MUCHO MÁS SENCILLAS PARA TI.

APRENDE A APRECIAR LO QUE TIENES ANTES DE QUE EL TIEMPO TE HAGA APRECIAR LO QUE TUVISTE
CONSEJO DEL GRAN CROASÁN ESTELAR

(COMPATIBILIDAD ENTRE SIGNOS)

LEO Y LEO

LA COMPATIBILIDAD ES ALTÍSIMA. LA ATRACCIÓN SUELE SER INSTANTÁNEA, EL IDILIO, ARDIENTE. INTRÉPIDO Y AVENTURERO, LEO ES UNA COMBINACIÓN NATURAL PARA OTRO LEO, AUNQUE HAY QUE LOGRAR CIERTO COMPROMISO, YA QUE ES DIFÍCIL PARA UN LEO TENER QUE COMPARTIR EL CENTRO DE ATENCIÓN O EL TRONO AL MISMO TIEMPO. LOS CONFLICTOS DE EGO PUEDEN SER TEMPESTUOSOS. LA MEJOR SOLUCIÓN ES DELIMITAR CLARAMENTE EL TERRITORIO DE CADA UNO.

EL SEXO TAMBIÉN ES UNA ESPECIE DE NECESIDAD VISCERAL PARA AMBOS Y, AFORTUNADAMENTE, A LOS DOS OS GUSTAN LAS MISMAS COSAS, POR LO QUE INCLUSO SI LA VIDA AMOROSA NO ES PARTICULARMENTE IMAGINATIVA, AL MENOS SERÁ ARDIENTE Y SATISFACTORIA.

SI ENTENDÉIS LAS FORTALEZAS Y DEBILIDADES DEL OTRO (QUE SON LAS MISMAS), NADA PODRÁ PARAROS.

 CONSEJO PARA HACER QUE FUNCIONE (¡AÚN MEJOR!)

COMPARTID EL PODER Y RECORDAD HALAGAR A VUESTRA PAREJA TANTO COMO OS GUSTA A VOSOTROS MISMOS.

LEO Y VIRGO

NO SOIS ESPECIALMENTE COMPATIBLES. LEO BUSCA SER EL CENTRO DE ATENCIÓN, MIENTRAS QUE VIRGO ES UNA PERSONA MUCHO MÁS PRIVADA. PODÉIS LLEGAR AL ENFRENTAMIENTO CON FACILIDAD PERO A PESAR DE ELLO TAMBIÉN SE PUEDEN CONSTRUIR RELACIONES SENTIMENTALES MUY IMPORTANTES, DURADERAS E INTENSAS.

CONOCÉIS CON PROFUNDIDAD EL JUEGO DEL AMOR Y LO PRACTICÁIS SIN MEDIDA CUANDO ESTÁIS CONVENCIDOS. ADORÁIS LA SENSUALIDAD Y LA SEDUCCIÓN PERMANENTE. VIRGO PUEDE DOMINAR EL INSTINTO DEL LEÓN COMO POCOS PERO SE ENCONTRARÁ CON UNA PERSONALIDAD A LA QUE NO LE GUSTA QUE LE MARQUEN NINGÚN ERROR. DEBERÁ INGENIÁRSELAS PARA HACERSE ENTENDER. VIRGO DEBE APOSTAR FUERTE A SU SEDUCCIÓN Y ENCANTO PARA QUE LEO NO SE ABURRA DE LA RELACIÓN Y SIGA CONFIANDO EN LA CONTINUIDAD Y LEO INTERESARSE POR LA VENA ARTÍSTICA E INTELECTUAL DE VIRGO.

 CONSEJO PARA HACER QUE FUNCIONE

ES IMPORTANTE QUE CADA UNO RESIGNE UN POCO DE SU ORGULLO PARA EVITAR ENFRENTAMIENTOS SIN SENTIDO.

LEO Y LIBRA

LIBRA VIVE PARA EL AMOR Y EL ESTILO. LEO ES INTRÉPIDO, BRILLANTE Y MUY ANIMADO. TENÉIS UN NIVEL DE COMPATIBLIDAD MUY ALTO.

EL OPTIMISMO DE LEO HACE QUE HAYA MUCHA DIVERSIÓN A SU ALREDEDOR. LIBRA APORTA ESTILO Y EMPUJE.

A LEO LE ENCANTA LA POSE ARTÍSTICA, ELEGANTE Y TRANQUILA DE LIBRA, Y A LIBRA LE FASCINAN LAS GANAS DE VIVIR Y EL SEGURO AIRE DE MANDO DE LEO. EL ENFOQUE JUGUETÓN E IMAGINATIVO DE LIBRA ANTE EL AMOR COMBINA A LA PERFECCIÓN CON EL BRÍO Y LA ENERGÍA DE LEO.

LOS DOS SOIS MUY ROMÁNTICOS Y LA ARMONÍA SEXUAL SERÁ EXCELENTE.

LA RELACIÓN SERÁ MUY DINÁMICA Y PUEDE LLEVAROS A LUGARES QUE ANTES SÓLO HABÍAIS SOÑADO.

CONSEJO PARA HACER QUE FUNCIONE (¡AÚN MEJOR!)

LEO TENDRÁ QUE ATENUAR LA ACTITUD POSESIVA PARA NO ASUSTAR A LIBRA. Y LIBRA TENDRÁ QUE MOSTRARSE PACIENTE CON ALGUNOS DE LOS RUGIDOS DEL LEÓN.

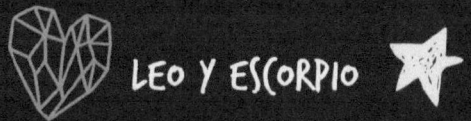

LEO Y ESCORPIO

LA COMPATIBILIDAD ES BAJA, LA ATRACCIÓN, ENORME. EL ROMÁNTICO LEO ES AUTOSUFICIENTE Y SEGURO Y UN AMANTE ARDIENTE, LLENO DE ENCANTO Y MAGNETISMO FÍSICO QUE SE VERÁ FASCINADO AL INSTANTE POR LAS ESTRATEGIAS DE ESCORPIO Y SU LEGENDARIO MISTERIO. EN VUESTRA RELACIÓN SEXUAL, LA COMBINACIÓN DE FUEGO Y AGUA GENERARÁ SUFICIENTE VAPOR COMO PARA ACCIONAR UNA TURBINA.

EL ENFRENTAMIENTO DE DOS EGOS FUERTES PUEDE ORIGINAR CONFLICTOS IMPORTANTES AL INTENTAR LEO DAR ÓRDENES A ESCORPIO O ENTROMETERSE EN SUS ESPACIOS PRIVADOS. ¡PELIGRO!

EN UNA RELACIÓN, A LEO LE GUSTA SER EL CENTRO, EL PUNTO EN TORNO AL QUE TODO GIRA. EL CASO ES SI ESCORPIO PODRÁ AGUANTARLO...

 CONSEJO PARA HACER QUE FUNCIONE

DEBÉIS TENER CLAROS VUESTROS SENTIMIENTOS E INTENCIONES DESDE EL PRIMER MOMENTO, ESTABLECER UNAS REGLAS DEL JUEGO Y SABER QUE VUESTRA PAREJA PUEDE SER REALMENTE FIEL.

 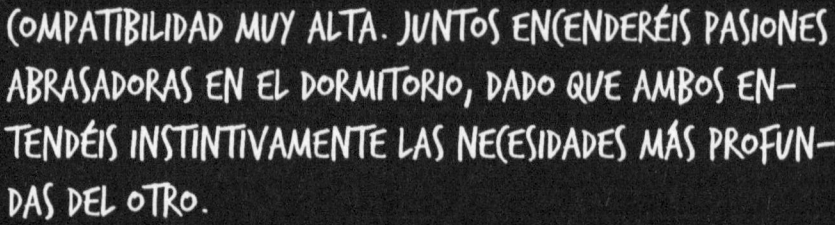

LEO Y SAGITARIO

COMPATIBILIDAD MUY ALTA. JUNTOS ENCENDERÉIS PASIONES ABRASADORAS EN EL DORMITORIO, DADO QUE AMBOS ENTENDÉIS INSTINTIVAMENTE LAS NECESIDADES MÁS PROFUNDAS DEL OTRO.

A LEO LE ENCANTA BRILLAR Y SER ADMIRADO Y A SAGITARIO LE ENCANTA DAR, A VECES SE PUEDE CANSAR UN POCO DE LA CONSTANTE NECESIDAD DE CARIÑO DEL LEÓN. AÚN ASÍ, SAGITARIO TIENE LO NECESARIO PARA SOPORTAR EL ENORME EGO DE LEO.

SAGITARIO BUSCA UNA PAREJA MÁS FUERTE Y ESTABLE QUE ÉL, MIENTRAS QUE LEO, COMO SIGNO FIJO, NECESITA QUE LO ABRAN A OTRAS POSIBILIDADES. SAGITARIO APORTA CALIDAD ESPIRITUAL A LA RELACIÓN, MIENTRAS QUE EL GRAN SENTIDO DEL DECORO DE LEO PUEDE SUAVIZAR LA A VECES POBRE PERSONALIDAD SOCIAL DE SAGITARIO.

 CONSEJO PARA HACER QUE FUNCIONE (¡AÚN MEJOR!)

LA FRANQUEZA EXAGERADA DE SAGITARIO PUEDE HERIR LA VANIDAD DEL LEÓN, ASÍ QUE CUIDADO. LEO POR SU PARTE DEBE ESTAR ABIERTO A IDEAS NUEVAS SIN RUGIR CADA VEZ QUE LE LLEVEN LA CONTRARIA.

LEO Y CAPRICORNIO

SU GRADO DE COMPATIBILIDAD PODRÍA SER BUENO SI AMBOS DEJÁIS A UN LADO VUESTRO ORGULLO Y TRABAJÁIS JUNTOS POR UN FIN COMÚN.

LEO QUIERE TENER BUEN ASPECTO PARA EL RESTO DEL MUNDO Y APRECIARÁ LOS ELEVADOS ESTÁNDARES DE LA NATURALEZA CONSERVADORA Y SÓLIDA DE CAPRICORNIO. LA DIGNIDAD Y EL ASPECTO SERIO DE CAPRICORNIO SUELE GANAR EL RESPETO DE LEO... Y CUANDO ALGUIEN SE GANA EL RESPETO DE LEO, PUEDE TENERLO COMIENDO EN SU MANO INDEFINIDAMENTE.

LEO DEBE NO MENOSPRECIAR LAS IDEAS DE CAPRICORNIO EN LA RELACIÓN Y NO SUBESTIMAR A SU PAREJA NUNCA SI NO QUIERE CARGARSE LA RELACIÓN.

SEXUALMENTE SOIS MUY COMPATIBLES Y LEO DARÁ ESA CHISPA DE PASIÓN QUE NECESITA TENER CAPRICORNIO EN SU VIDA.

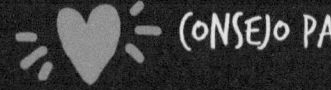 CONSEJO PARA HACER QUE FUNCIONE

DEJAR AMBOS A UN LADO EL ORGULLO Y ENTENDER QUE HABRÁ ALGUNAS BATALLAS QUE SE PERDERÁN Y OTRAS QUE SE GANARÁN EN UNA RELACIÓN COMO ESTA.

LEO Y ACUARIO

LA COMPATIBILIDAD AMOROSA ENTRE AMBOS SE SUSTENTA EN LAS DIFERENCIAS: ACUARIO ES MUY SENTIMENTAL Y SENCILLO, LEO ES DE BUSCAR RELACIONES INTENSAS Y PROFUNDAS, NO TIENE DIFICULTAD PARA INVOLUCRARSE SENTIMENTALMENTE Y TIENE DESEOS DE LIDERAZGO Y DOMINACIÓN (QUE PUEDEN MOLESTAR UN POCO A ACUARIO EN SU DESEO INFINITO DE LIBERTAD).

A ACUARIO LE GUSTA EL CALOR, LA ENERGÍA Y LA GENEROSIDAD DE LEO, MIENTRAS QUE A LEO LE IMPRESIONA LA CAPACIDAD INTELECTUAL Y LA SEGURIDAD DE ACUARIO.

SI ACUARIO LOGRA QUE SU PAREJA LEO NO TOME LA VIDA TAN EN SERIO, Y A SU VEZ, LEO LOGRA ENSEÑAR A ACUARIO A CENTRARSE UN POCO MÁS, AMBOS SALDRÍAIS GANANDO.

SEXUALMENTE LA INTENSIDAD SERÁ FUERTE. LA LIBERTAD DE ACUARIO Y EL INSTINTO SALVAJE DE LEO SON COMPATIBLES Y ESTIMULANTES. FORTALECERÉIS LA RELACIÓN DESDE VUESTRA VIDA SEXUAL.

 CONSEJO PARA HACER QUE FUNCIONE

INTENTAD RESISTIR LA TENTACIÓN DE IMPONEROS Y TRABAJAD CONJUNTAMENTE PARA LLEGAR A ACUERDOS.

LEO Y PISCIS

SU COMPATIBILIDAD Y COMPLEMENTARIEDAD PUEDEN SER MUY GRANDES: LEO SE SIENTE ATRAÍDO POR EL SEXY PERO VULNERABLE PISCIS. Y ÉSTE SE SIENTE ATRAÍDO POR LEO AL PERCIBIR QUE TIENE UN CORAZÓN CÁLIDO Y UNA FUERZA INTERIOR QUE PUEDE ESTAR AHÍ PARA ÉL CUANDO LOS TERRORES DE LA NOCHE ACECHEN.

NO OBSTANTE, LEO DEBERÁ TENER CUIDADO DE NO ABRUMAR AL CAUTELOSO PISCIS, DADO QUE LA ACTIVA NATURALEZA EXTROVERTIDA DE LEO NO ENCAJA DEMASIADO BIEN CON LA INTROSPECCIÓN DEL SOÑADOR PISCIS.

CUANDO NACE UNA RELACIÓN ENTRE ESTOS SIGNOS ES MUY IMPORTANTE JUGÁRSELA A TODO O NADA.

SI LEO CREE QUE ENCUENTRA EN UN PISCIS A SU AMOR IDEAL LO DEJARÁ TODO Y PELEARÁ PARA ESTAR JUNTOS CONTRA VIENTO Y MAREA. ESTA DETERMINACIÓN DE LEO LE DARÁ CONFIANZA A LA PAREJA PISCIS.

CONSEJO PARA HACER QUE FUNCIONE (¡AÚN MEJOR!)

RECORDAD QUÉ OS UNIÓ EN UN PRINCIPIO. LEO TENDRÁ QUE SER MÁS COMPRENSIVO CON LOS SENTIMIENTOS DE PISCIS Y ÉSTE QUE RESPETAR EL DESEO DE LEO DE GOBERNAR EN LA JUNGLA.

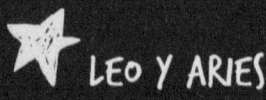

LEO Y ARIES

LA ATRACCIÓN ES INMEDIATA, OS CRECERÉIS EN COMPAÑÍA UNO DEL OTRO Y QUERRÉIS CONOCER MEJOR A VUESTRA PAREJA A TODOS LOS NIVELES: FÍSICAMENTE, MENTALMENTE, EMOCIONALMENTE E INCLUSO, ESPIRITUALMENTE. POR LO TANTO, LA COMPATIBILIDAD ENTRE ARIES Y LEO ES ALTÍSIMA.

AMBOS SOIS SIGNOS DE FUEGO, LO CUAL PUEDE DAR LUGAR A ALGUNAS CONFRONTACIONES Y A UN CHOQUE DE EGOS. SIN EMBARGO, COMPARTIRÉIS UNA GRAN VIDA SOCIAL Y UNA RELACIÓN DE COMPROMISO SENTIMENTAL A LARGO PLAZO, SI CONSEGUÍS COMPARTIR EL PROTAGONISMO.

LA PAREJA DEBERÁ CONSTRUIRSE SOBRE LA BASE DEL RESPETO MUTUO Y CON UNA PLANIFICACIÓN CUIDADOSA, DE MODO QUE LOS DOS TENGÁIS LA OPORTUNIDAD DE TOMAR DECISIONES POR IGUAL. NO OBSTANTE, A VECES PUEDE RESULTAR IMPOSIBLE EVITAR EL CHOQUE DE DESEOS E INTENTOS DE DOMINAR AL OTRO.

CONSEJO PARA HACER QUE FUNCIONE (¡AÚN MEJOR!)

USAD VUESTRA INCREÍBLE ENERGÍA PARA REMAR EN LA MISMA DIRECCIÓN, NO PARA GANAR EL UNO AL OTRO.

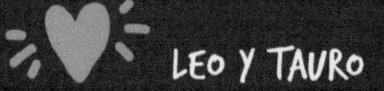

LEO Y TAURO

LA PROBABILIDAD DE CONSTRUIR UNA BUENA RELACIÓN AMO-
ROSA ES ALTA A PESAR DE VUESTRAS DIFERENCIAS.
LA SUPREMACÍA QUE INTENTA IMPONER LEO SUELE SER
UNA DIFICULTAD PARA CUALQUIER RELACIÓN. EN ESTE
CASO, SE ENFRENTA A UNA PERSONALIDAD CON RASGOS
FUERTES Y ESTRICTOS. TAURO TAMBIÉN PUEDE SER MUY
PERSEVERANTE Y SEGURO DE SÍ MISMO, COSA QUE FASCI-
NARÁ A LEO. ENCONTRARÉIS INTERESES COMUNES, YA SEA
EN EL ESTUDIO, EL LUJO O EN LAS SALIDAS CON AMIGOS.
POR MOMENTOS, LEO PUEDE ABURRIRSE DE LA MONOTONÍA
DE TAURO Y NECESITARÁ ROMPER ESA TRANQUILIDAD CON
UN POCO DE ADRENALINA. MIENTRAS EL LEÓN ES EXTRO-
VERTIDO, TAURO PREFIERE EL SILENCIO Y LA REFLEXIÓN.
LEO DESATA EL DESEO SEXUAL DE TAURO, PERO POR MO-
MENTOS, ESTO PUEDE PRIMAR Y TAURO PUEDE SENTIR
QUE SUS NECESIDADES EMOCIONALES NO ESTÁN SIENDO SU-
FICIENTEMENTE ATENTIDAS.

 CONSEJO PARA HACER QUE FUNCIONE

TRABAJAD Y ESTAD DECIDIDOS A QUE VUESTRO AMOR SE IM-
PONGA SIN RECELOS Y SIN ANTEPONER CONDICIONES.

LEO Y GÉMINIS

LA COMPATIBILIDAD ENTRE VOSOTROS ES BASTANTE ALTA. TENÉIS MUCHO EN COMÚN Y A LOS DOS OS ENCANTA DIVERTIROS.

TENÉIS UNA NATURALEZA AVENTURERA Y DISFRUTÁIS DE LA VIDA. OS ENCONTRARÉIS MUTUAMENTE FASCINANTES. LEO ESTÁ AL MISMO NIVEL INTELECTUAL QUE GÉMINIS, POR LO QUE VUESTRAS CONVERSACIONES SERÁN MUY INTERESANTES Y SATISFACTORIAS PARA AMBOS.

LOS DIVERSOS INTERESES DE GÉMINIS PUEDEN HACER QUE LEO SIENTA CELOS, PUESTO QUE A ÉL LE GUSTA SER LO MÁS IMPORTANTE EN UNA RELACIÓN.

LEO TIENDE A APEGARSE A LA GENTE Y LAS COSAS QUE LE GUSTAN. ESTO PUEDE CHOCAR CON LA TENDENCIA DE GÉMINIS A AVANZAR CONTINUAMENTE.

SEXUALMENTE, EXPERIMENTARÉIS MOMENTOS DE PASIÓN DESENFRENADA QUE PUEDEN DAR LUGAR A EXPERIENCIAS MEMORABLES Y APASIONANTES PARA AMBOS.

CONSEJO PARA HACER QUE FUNCIONE (¡AÚN MEJOR!)

GÉMINIS, CUIDADO CON TU LENGUA AFILADA Y EL SENSIBLE EGO DE LEO. LEO, CONTROLA TU CABEZONERÍA.

LEO Y CÁNCER

ES UNA COMBINACIÓN COMPATIBLE PERO LOS DOS TENÉIS UN EGO BASTANTE FRÁGIL, SOIS VULNERABLES Y OS OFENDÉIS CON FACILIDAD. AMBOS NECESITÁIS CARIÑO Y MUCHA ATENCIÓN DE VUESTRA PAREJA.

EL ENTUSIASTA Y SEGURO LEO PODRÍA SER LA SOLUCIÓN PERFECTA PARA LA FALTA DE CONFIANZA EN SÍ MISMOS DE CÁNCER, DADA LA CAPACIDAD DE LEO PARA LEVANTAR EL ÁNIMO Y HACER QUE LOS OTROS SE SIENTAN MEJOR. A SU VEZ, EL ACERCAMIENTO CARIÑOSO Y SENSIBLE DE LOS CÁNCER HARÁ QUE LEO SE SIENTA QUERIDO.

MUCHOS CÁNCER TIENEN UN HUMOR VARIABLE Y SALTAN CON FACILIDAD, Y ESTO PODRÍA AGOTAR EL OPTIMISMO Y EMPUJE DE LOS LEO A LARGO PLAZO. POR OTRA PARTE, A LOS CÁNCER LES SERÁ DIFÍCIL ACEPTAR LA ARROGANCIA Y SEGURIDAD EXCESIVA DE LOS LEO.

LAS RELACIONES SEXUALES SERÁN BUENAS Y SATISFACTORIAS.

CONSEJO PARA HACER QUE FUNCIONE

LEO DEBERÁ EVITAR SER DEMASIADO MANDÓN. CÁNCER APRENDER A SER MÁS INDEPENDIENTE Y A NO NECESITAR LA CONTINUA APROBACIÓN DE SU PAREJA.

INDEPENDIENTEMENTE DE LA CLARIFICADORA INFOR-
MACIÓN PREVIA, EL AMOR VIENE ASÍ DE ESTA MANERA, Y
TE HAS ENAMORADO DE OTRO SER HUMANO (ESPERO),
AQUÍ VAN LOS CONSEJOS INFALIBLES PARA QUE LEO ENAMORE
A CADA UNO DE ELLOS:

ARIES: TENDRÁS QUE APRENDER A CONTROLAR TU AFÁN
DE DOMINAR PARA EVITAR CONFLICTOS Y ARIES FINAL-
MENTE TE DEJARÁ GANAR. DALE MUCHO CARIÑO, TERNU-
RA Y PASIÓN Y RECIBIRÁS LO MISMO DE SU PARTE. NO LE
CRITIQUES NI LE DES DEMASIADOS CONSEJOS, RECUERDA QUE
ES TAN INDEPENDIENTE Y SEGURO COMO TÚ. SI LE SUBES-
TIMAS O LE OFENDES TE RECHAZARÁ POR COMPLETO.

TAURO: ES TERCO AL IGUAL QUE TÚ, POR LO QUE TENDRÁS
QUE APRENDER A CEDER DE VEZ EN CUANDO. TAURO SE
ENAMORARÁ DE TU DETERMINACIÓN Y COMPROMISO CON LA
PAREJA. DALE EXCLUSIVIDAD, PORQUE ES MUY CELOSO, PERO
NO LO PRESIONES Y RESPETA SU PRIVACIDAD. LO SEDUCIRÁS
A TRAVÉS DEL PLACER, LOS LUJOS Y EL BUEN GUSTO.

GÉMINIS: EN TI ENCUENTRA LA ESTABILIDAD Y BIENESTAR

QUE TANTA FALTA LE HACEN. REGÁLALE LARGAS Y ENTRE-
TENIDAS CONVERSACIONES, SALIDAS DIVERTIDAS, AVENTU-
RA Y DISFRUTE. NO PRETENDAS SER EL CENTRO DE ATENCIÓN
EN SU VIDA. GÉMINIS TIENE INTERESES DIVERSOS, ASÍ QUE
INTENTA ACOMPAÑARLO EN SU BÚSQUEDA DE NOVEDAD.

CÁNCER: SE SIENTE ATRAÍDO HACIA TI POR TU SENSUALIDAD
Y DINAMISMO. ESTARÁ SEGURO CONTIGO SI LE DEMUES-
TRAS CAPACIDAD DE COMPROMISO Y FIDELIDAD; Y LO
ENAMORARÁS CUANDO TU SENTIDO DE LA DOMINACIÓN SE
ORIENTE A DARLE PROTECCIÓN Y AFECTO Y NO A CONTROLAR-
LO O ABSORBERLO. NECESITAS SER SUAVE CON CÁNCER PARA
NO HERIRLO.

LEO: ACÉRCATE CON TRANSPARENCIA Y CONFIANZA. AMBOS
QUEDARÉIS ENCANTADOS CON LA SENSUALIDAD E INTREPIDEZ
DEL OTRO. PROPONLE UNA AVENTURA AMOROSA, LLENA DE
DIVERSIÓN Y EMOCIONES INTENSAS. LO ENAMORARÁS
PRESTÁNDOLE ATENCIÓN, SIN DEJAR DE SER EL REY QUE
ERES, PORQUE PARA FUNCIONAR, ESTA PAREJA NECESITA
QUE LA ADMIRACIÓN SEA MUTUA.

VIRGO: DEBERÁS TENER MUCHA PACIENCIA Y CONTROLAR
TU EGO PARA CONQUISTARLO, YA QUE TU PERSONALIDAD

PUEDE PARECERLE ARROGANTE Y DEMASIADO IMPETUOSA. NO LO INVADAS NI INTENTES ATARLO, ÉL VALORA SU IN-DEPENDENCIA Y DISFRUTA LA SOLEDAD. LE GUSTARÁ QUE LO SAQUES UN POCO DE SU RUTINA, PERO EVITA CREAR COMPLICACIONES EN SU VIDA PORQUE SE EVAPORARÁ.

LIBRA: SE SENTIRÁ MUY ATRAÍDO POR LA PASIÓN Y VALENTÍA QUE DEDICAS A LA CONQUISTA. INVÍTALO A COM-PARTIR UNA SALIDA ROMÁNTICA, DONDE PUEDAS BRINDAR-LE UN AMBIENTE DE BELLEZA Y PLACER. LIBRA ES IDEALIS-TA Y NOBLE, ASÍ QUE MUESTRA TU LADO GENEROSO Y HU-MANITARIO. LO AHUYENTARÁS SI ERES PEDANTE O VULGAR.

ESCORPIO: TENDRÁS QUE ENCONTRAR EL EQUILIBRIO, SABER CUÁNDO CEDER. PARA QUE PODÁIS CONGENIAR, INTENTA ACERCARTE MODESTAMENTE, CON LA INTENCIÓN DE UNIR LAS ENERGÍAS EN VEZ DE OPONERLAS. NO SOPORTARÁ QUE SEAS VANIDOSO O ARROGANTE, Y SE PONDRÁ CELOSO SI BUSCAS LLAMAR LA ATENCIÓN DE OTRAS PERSONAS.

SAGITARIO: LO ENAMORARÁS CON TU ENERGÍA, ENTUSIAS-MO Y GUSTO POR LA AVENTURA Y LO NOVEDOSO. INVÍTA-LO A HACER ALGO ORIGINAL, COMPARTID VIAJES, EXTRAVA-GANCIAS Y BOHEMIA. PARA ENAMORARLO, AYÚDALO

LOVE

A DESARROLLAR SUS IDEAS Y MUÉSTRATE DISPUESTO A APO-
YARLE. NO INTENTES ATARLO A TI NI PRETENDAS QUE TE
VENERE; SAGITARIO ES TAN INDEPENDIENTE COMO TÚ.

CAPRICORNIO: LO ATRAERÁS A TRAVÉS DE TU DETERMI-
NACIÓN Y ENERGÍA PARA IR TRAS SUS AMBICIONES. SE SEN-
TIRÁ SEGURO SI ENTIENDE QUE PUEDE UNIRSE A TI PARA
CONSEGUIR SEGURIDAD ECONÓMICA Y SI LE BRINDAS APOYO
EN SUS OBJETIVOS. ENTIÉNDELO SI SE MUESTRA RESERVA-
DO, NO ES TAN DEMOSTRATIVO Y PASIONAL COMO PARA
SATISFACER TUS DEMANDAS AFECTIVAS.

ACUARIO: NO TRUNQUES SU INDEPENDENCIA. SE SENTIRÁ
ATRAÍDO HACIA TI CUANDO CONOZCA TU LADO SOLIDARIO Y
HUMANITARIO, YA QUE ÉL TAMBIÉN LO TIENE. NO SOPOR-
TA EL EGOCENTRISMO Y LA VANIDAD. TAMPOCO LO AGOBIES
CON MUESTRAS EFUSIVAS DE CARIÑO. NECESITA TIEMPO
PARA ENTREGARSE AL AMOR.

PISCIS: TRÁTALO CON SUAVIDAD Y SUTILEZA. UTILIZA TU SEN-
TIDO DE DOMINACIÓN PARA PROTEGERLE, SE SENTIRÁ SEGURO
Y TRANQUILO AL SENTIR TU VALENTÍA Y FUERZA INTERIOR.
DALE TERNURA, CARIÑO, RESPETA SU PERSONALIDAD SOÑA-
DORA Y ETÉREA. SI LO CRITICAS LO HERIRÁS CON FACILIDAD.

Leo y el sexo

CONTIGO HAY QUE TRABAJARSE BIEN LOS PRELIMINARES. ESTOS DEBEN SER COMO UN CULTO AL REGIO SIGNO DEL PODER Y EN LOS QUE TE DISPONDRÁS A DISFRUTAR CADA MINUTO. HAY QUE TOMARSE EL TIEMPO NECESARIO PARA ENCENDER EL FUEGO EN UN LEO, CON LA SEGURIDAD DE QUE HARÁS QUE EL SEXO SEA INOLVIDABLE.

ACORDE CON TU CARÁCTER, TE GUSTA DIRIGIR LA OPERACIÓN E IMPONER TU VOLUNTAD, DE LO CONTRARIO TU LÍBIDO SE VIENE ABAJO Y PIERDES INTERÉS.

ERES MUY PASIONAL Y FOGOSO, PERO TAMBIÉN MUY EXIGENTE. NO TE CONFORMAS CON CUALQUIER COSA. DESEAS QUE EL OTRO SE TOME EL TIEMPO DE INVITARTE A CENAR A UN SITIO ELEGANTE, DONDE SE COMA MUY BIEN, OFRECERTE UNA CONVERSACIÓN INTERESANTE Y DIVERTIDA PARA ALLANAR EL CAMINO PARA UN BUEN

SEXO. ES VITAL PARA TI EL JUEGO DE LA SEDUCCIÓN,
DEBEN SEDUCIRTE Y DEJARTE SEDUCIR.
SI ESTÁS CONVENCIDO TODO SALDRÁ RODADO, SINO, LO DE-
JARÁS TODO DE REPENTE. NO SABES NI QUIERES FINGIR
EN EL SEXO.

TE ENCANTA QUE TE PILLEN POR SORPRESA EN LUGARES
CÓMODOS, CON INTIMIDAD. TE GUSTA SENTIRTE POSEÍDO
Y SENTIR LA FUERZA DE TU AMANTE, PERO TAMBIÉN
ERES ROMÁNTICO. TE GUSTAN LOS MORDISCOS, LOS GRITI-
TOS, LOS AZOTES Y EL JUEGO ENTRE SÁBANAS. TIENES
UN GRAN ABANICO DE POSIBILIDADES EN CUANTO A LAS
POSTURAS.

LOS SIGNOS MÁS COMPATIBLES CONTIGO SON ARIES, SAGI-
TARIO, QUE SON DEL ELEMENTO FUEGO COMO TÚ Y
GÉMINIS Y LIBRA, QUE SON DE AIRE.
CON ACUARIO, QUE ES TU POLO OPUESTO, SIENTES MUCHÍ-
SIMA ATRACCIÓN.

Leo y el trabajo

TIENES PLENA CAPACIDAD DE LLEGAR HASTA LA CIMA SÓLO CON TU EMPUJE Y TUS GANAS DE TENER ÉXITO EN TODO. ERES EL REY INDISCUTIDO DEL ZODIACO Y ES POR ESO QUE SIEMPRE PUEDES TENER LA CONFIANZA DE QUE LOS DEMÁS SEGUIRÁN TUS ÓRDENES.

NECESITAS LIBERTAD, ORGANIZAR TU TIEMPO, AMAR LO QUE HACES Y SENTIR QUE PUEDES SER UN BUEN LÍDER, YA QUE NADA TE IMPORTA MÁS QUE REALIZAR UN BUEN TRABAJO Y RECIBIR UNA GRAN RECOMPENSA POR TU ESFUERZO.

ERES UN EXCELENTE ORADOR Y TIENES UN SENTIDO DE LA ESTÉTICA MUY BIEN DESARROLLADO, POR LO QUE NO ES EXTRAÑO VERTE LIGADO AL MUNDO DEL ARTE Y TAMBIÉN DEL ENTRETENIMIENTO.

SITIOS DONDE BRILLES POR TI MISMO PERO AL ALERO DE

UN GRUPO GRANDE A TUS ESPALDAS, TAMBIÉN PUEDEN HACERTE SENTIRSE MUY BIEN Y COMPLETO.

EL MUNDO TEATRAL ES DE GRAN ATRACTIVO PARA TI, YA QUE TIENE LAS LUCES, PERO TAMBIÉN LA CAPACIDAD DE SACAR TU LADO LÚDICO Y CREATIVO A LA VEZ, ASÍ COMO TAMBIÉN LA POSIBILIDAD DE MOSTRAR TUS APTITUDES FRENTE AL PÚBLICO.

SEDUCES COMO NADIE A TRAVÉS DE LA PALABRA, POR LO QUE NO ES RARO VER A UN LEO OCUPANDO UN CARGO POLÍTICO O DEDICADO A LA ABOGACÍA

SABES VENDER MUY BIEN TU PRODUCTO, POR LO QUE SIEMPRE PUEDES SER UN EXCELENTE VENDEDOR DE BIENES RAÍCES, INCLUSO TENER TU PROPIA COMPAÑÍA. TAMBIÉN LATE DENTRO DE TI UN BUEN EMPRESARIO DEL ÁMBITO QUE ELIJAS, YA QUE TU INTELIGENCIA Y SAGACIDAD NO CONOCE LÍMITES.

ES IMPORTANTE ENTONCES QUE SEA CUAL SEA LA PROFESIÓN QUE ESCOJAS, TENGA MUCHO QUE VER CON TUS DESEOS INTERNOS Y CON LO QUE TE MUEVE DE VERDAD EN LA VIDA, YA QUE MUCHAS VECES TU VOCACIÓN PODRÍA

LLEVARTE A SER UN GRAN MAESTRO, YA QUE AMAS EL RESPETO QUE PUEDES PRODUCIR EN OTROS.

TAMBIÉN PODRÍAS SER UN BUEN MÉDICO, PORQUE TE GUSTA MUCHO AYUDAR A OTROS Y SER SIEMPRE EL MEJOR EN LO QUE HACES, NO TE CANSAS DE APRENDER Y DE SEGUIR ACUMULANDO CONOCIMIENTO.

NO SOLO RUGES CUANDO QUIERES ALGO, SINO TAMBIÉN CUANDO ESTÁN INVADIENDO TU ESPACIO PERSONAL, POR LO QUE UN TRABAJO QUE SEA DE ATENCIÓN AL PÚBLICO O DEMASIADO RUTINARIO PODRÍA ABURRIRTE.
TRABAJAR EN UN LUGAR CERRADO, DONDE NO PUEDAS ANDAR A TUS ANCHAS, TAMBIÉN HARÁ MUY DIFÍCIL QUE TE SIENTAS SATISFECHO.

VIRTUDES: VITAL, INTELIGENTE, ORGANIZADOR NATO, GENEROSO.

DEFECTOS: ORGULLOSO, DERROCHADOR, EXHIBICIONISTA.

ELIGE UN TRABAJO QUE TE GUSTE Y NO TENDRÁS QUE TRABAJAR NI UN DIA DE TU VIDA
SOY EL ASTEROIDE SABIO Y TENGO UN MENSAJE PARA TI

Leo y la amistad

ERES MUY SOCIAL. TE GUSTA ESTAR RODEADO DE PERSONAS, EN PARTE, PORQUE TE GUSTA SER EL CENTRO DE ATENCIÓN, RECONÓCELO Y SATISFACER ESE EGOCENTRISMO TAN ACENTUADO QUE TIENES, LO SABEMOS Y TE QUEREMOS IGUAL. Y ADEMÁS, TE GUSTA SENTIRTE APRECIADO POR TU FORMA DE SER Y TUS OPINIONES.

SUELES TENER UNA CANTIDAD CONSIDERABLE DE AMIGOS ES ALGO NATURAL TENIENDO EN CUENTA QUE POSEES MUCHA AUTOESTIMA, TIENES MADERA DE LÍDER Y SOBRE TODO, ERES DIGNO DE ADMIRACIÓN POR TU CARISMA Y SENTIDO DEL HUMOR. TE ENCANTA COMPARTIR MOMENTOS DE CALIDAD CON TUS AMIGOS, ADEMÁS ERES MUY BUEN COMPAÑERO. SE PUEDE CONTAR CONTIGO, SIEMPRE ESTÁS DISPUESTO A ECHAR UNA MANO.

SIN EMBARGO, HAY ALGO NEGATIVO QUE HAY QUE

TENER EN CUENTA, Y ES QUE ERES ALGO COMPETITIVO.
SI AYUDAS ES PORQUE SABES CON SEGURIDAD QUE NO
VAN A COMPETIR CONTIGO EN NADA, QUE EL OTRO DE
VERDAD ESTÁ DESAMPARADO. SI SUPONE ALGÚN TIPO DE
AMENAZA PARA TI LO MÁS SEGURO ES QUE EVITES
AYUDARLE.

UN RASGO QUE TE DEFINE COMO AMIGO SON TUS SEN-
TIMIENTOS E IDEALES. ERES UNA PERSONA LEAL Y SI
DICES ALGO, LO CUMPLES SIEMPRE, TU PALABRA ES MUY
FIRME Y CERTERA.
ADEMÁS TE GUSTA MUCHO RELACIONARTE CON PERSONAS
MUY DIFERENTES CON LAS QUE COMPARTIR Y DISCUTIR DE
OPINIONES. TE DIVIERTE UNA VIDA DE CONTRASTES Y LO
BUSCAS EN TUS RELACIONES AMISTOSAS.

TE ENCANTA ELEGIR LOS MEJORES SITIOS PARA CUALQUIER
MENESTER. LA BÚSQUEDA DE LA MEJOR ELECCIÓN ES UN
OBJETIVO EN TU VIDA Y TE GUSTA IMPRESIONAR Y SOR-
PRENDER CON TUS ELECCIONES. INCLUSO ERES GENEROSO
A LA HORA DE INVITAR Y ENSEÑAR COSAS. DISFRUTAS
SIENDO UN BUEN ANFITRIÓN Y SUELES ESPERAR CIERTO
AGRADECIMIENTO POR TUS ACTOS

La página mágica

ESTE LIBRO ES MÁGICO, COMO TÚ, Y VIENE CON UN REGALO: LA PÁGINA MÁGICA.

AUSPICIADO POR TUS PROTECTORES, PODRÁS FORMULAR UN DESEO Y AL ESCRIBIRLO, EL DESEO SE CUMPLIRÁ EN EL MOMENTO PRECISO.

CONCÉNTRATE, RESPIRA HONDO E INVOCA AL SOL Y A TU ORO.

EL DESEO SE CUMPLIRÁ

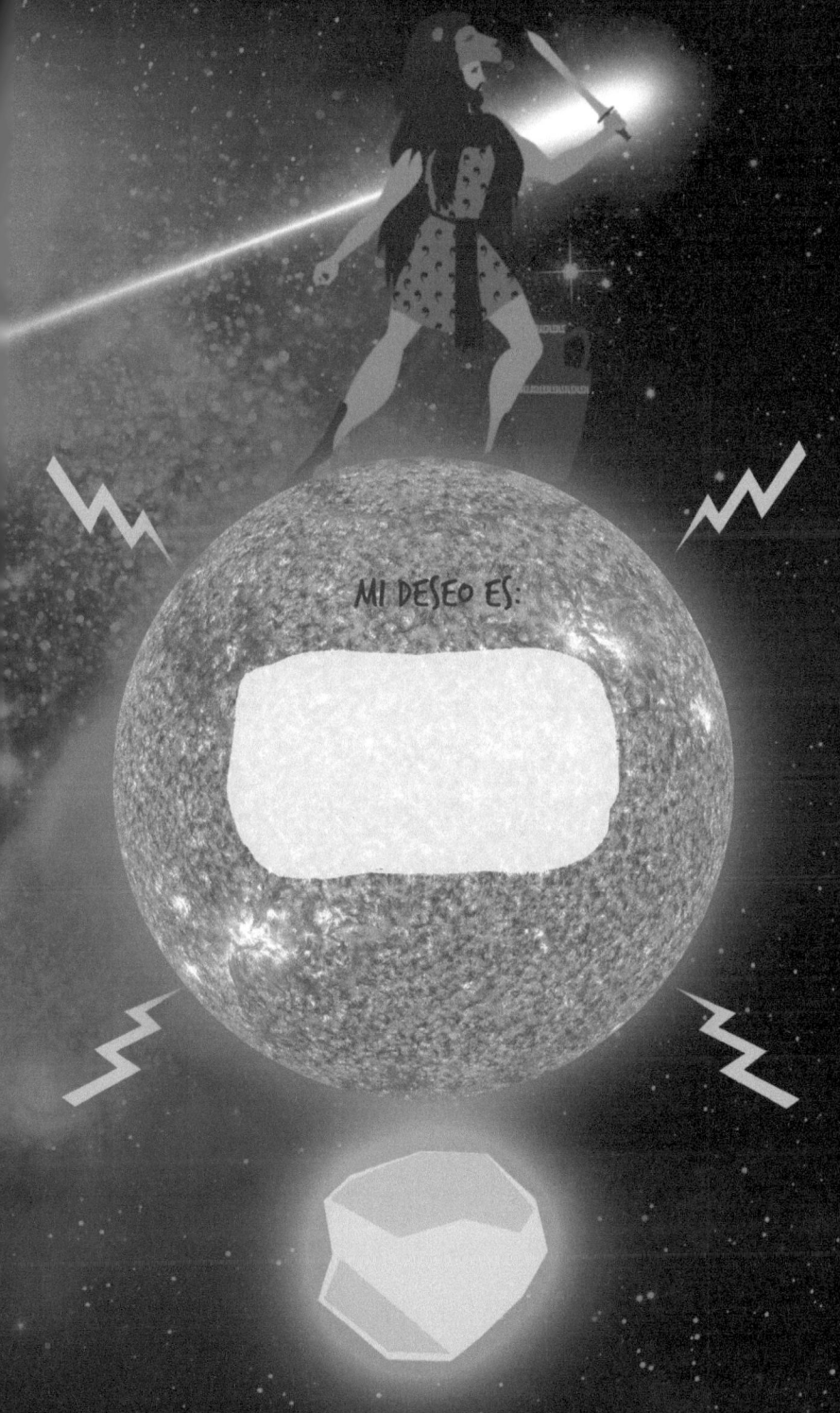

MI DESEO ES:

Consejos de vida para Leo

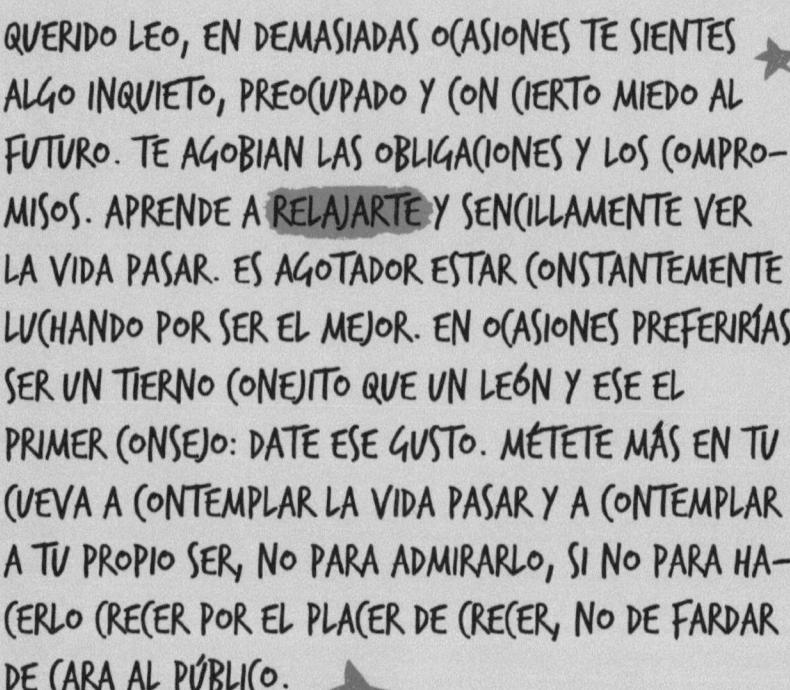

QUERIDO LEO, EN DEMASIADAS OCASIONES TE SIENTES ALGO INQUIETO, PREOCUPADO Y CON CIERTO MIEDO AL FUTURO. TE AGOBIAN LAS OBLIGACIONES Y LOS COMPROMISOS. APRENDE A RELAJARTE Y SENCILLAMENTE VER LA VIDA PASAR. ES AGOTADOR ESTAR CONSTANTEMENTE LUCHANDO POR SER EL MEJOR. EN OCASIONES PREFERIRÍAS SER UN TIERNO CONEJITO QUE UN LEÓN Y ESE EL PRIMER CONSEJO: DATE ESE GUSTO. MÉTETE MÁS EN TU CUEVA A CONTEMPLAR LA VIDA PASAR Y A CONTEMPLAR A TU PROPIO SER, NO PARA ADMIRARLO, SI NO PARA HACERLO CRECER POR EL PLACER DE CRECER, NO DE FARDAR DE CARA AL PÚBLICO.

SI ERES FLEXIBLE Y APRENDES A A ADAPTARTE A LOS CAMBIOS ERES CAPAZ DE TRIUNFAR COMO POCOS PUEDEN. SUELES MIRAR DEMASIADO AL FRENTE Y POCO A LOS LADOS Y AHÍ PUEDES ESTAR PERDIÉNDOTE GRANDES OPORTUNIDADES.

APRENDE A DECIR ADIÓS A LOS PROBLEMAS QUE TE ALEJAN DE TUS SUEÑOS PARA QUE PUEDAN LLEGAR LAS NUEVAS OPORTUNIDADES.

DATE CUENTA QUE AUNQUE DENTRO DE TI PALPITA UN SER BONDADOSO TU IMPONENTE PRESENCIA PUEDE ASUSTAR A MUCHOS. CONTROLA TU RUGIDO SI QUIERES QUE ALGUIEN ENTRE EN TU VIDA. TU FUERZA Y PODER YA SE LEE EN TUS OJOS, NO HACE FALTA QUE MUESTRES QUIEN MANDA AQUÍ, YA SABEMOS QUE ERES TÚ.

USA TU VALENTÍA PARA DAR SIEMPRE UN PASO AL FRENTE Y SER CLARO Y SINCERO CON TUS SENTIMIENTOS. DALE LA ESPALDA AL ORGULLO.

ESTÁS DOTADO CON UNA FUERZA QUE NO ES DE ESTE MUNDO, NO LA DESAPROVECHES, PERO ENFÓCALA SIEMPRE HACIA ALGO POSITIVO, QUE TE HAGA CRECER A TI, A LOS QUE TE RODEAN Y A SER POSIBLE, AL MUNDO. CUIDADO CON LA TENTACIÓN DEL LADO OSCURO, ESAS GUERRAS NUNCA CONDUCEN A NADA BUENO.
SI DIRIGES TU FUERZA EN LA BUENA DIRECCIÓN, ESTÁS LLAMADO A LA GLORIA, A CONSEGUIR GRANDES LOGROS, A TOCAR EL CIELO.